QUELQUES OBSERVATIONS

SUR

L'ART THÉATRAL,

LA COMÉDIE-FRANÇAISE

ET

MLLE RACHEL.

Par L.-P***

Prix : 1 fr. 25 c.

PARIS,
CHEZ LES PRINCIPAUX LIBRAIRES.

1842

QUELQUES OBSERVATIONS

SUR

L'ART THÉATRAL,

LA COMÉDIE-FRANÇAISE

ET

Mlle RACHEL.

Par L.-P***.

Prix : 1 fr. 25 c.

PARIS,

CHEZ LES PRINCIPAUX LIBRAIRES.

—

1842

PARIS, IMPRIMERIE DE PAUL DUPONT ET Cie,
Rue de Grenelle-St-Honoré, n. 55.

QUELQUES OBSERVATIONS

SUR

L'ART THÉÂTRAL,

LA COMÉDIE-FRANÇAISE

ET

Mlle RACHEL.

Avant de présenter nos observations sur l'art théâtral, nous mettons sous les yeux du lecteur une partie des réflexions faites à ce sujet, et soumises, en janvier 1817, au chef de la division des Beaux-Arts (ministère de l'intérieur), qui nous permit d'en prendre copie. Leur auteur, versé dans la littérature dramatique, possédait encore les plus exactes connaissances dans l'art théâtral, et conservait le souvenir de sa splendeur à une époque déjà trop éloignée de nous, et que nous ne pouvions citer sans le secours des traditions. Nous avons donc pensé que nous devions placer les réflexions de ce critique avant nos observations, disposées de manière à faire suite aux siennes, sinon avec le talent de cet écrivain, du moins avec quelques connaissances et une longue expérience dans un art que nous affectionnons depuis notre jeunesse, et à une époque à laquelle la scène française offrait à un public éclairé une réunion d'acteurs célèbres et de beaux talens, composant avec eux cet admirable ensemble qui soutenait si dignement l'ancienne illustration de la scène française.

« Vers la fin du règne de Louis-le-Grand, l'art dramatique
« commença à décliner, mais l'art théâtral s'était maintenu et
« même perfectionné. Sous Philippe, duc d'Orléans, régent
« pendant la minorité de Louis XV, ce prince, doué de grands

« talens, de qualités brillantes, ami et protecteur des arts qu'il
« cultivait avec succès, fut, malgré sa politique, dupe d'un
« intrigant subalterne qui acheva de ruiner le trésor public et
« les familles les plus considérées, sans s'enrichir lui-même;
« les esprits se tournèrent vers la cupidité; l'émulation pour
« les sciences fut paralysée; les emplois et les honneurs furent
« accordés aux richesses; la décence et la probité devinrent
« des ridicules, et il y eut une égalité de vices qui rapprocha
« tous les états et confondit tous les rangs.

« La corruption du goût se fit encore plus sentir sous les rè-
« gnes suivans; le Théâtre-Français fut presque abandonné, et
« Nicolet était obligé de donner deux représentations par jour
« sur son théâtre des boulevarts, où Janot-Volanges, digne
« prédécesseur de Jocrisse-Brunet, amusait ses illustres audi-
« teurs. Ce théâtre fut bientôt le rendez-vous des jeunes gens
« égarés par des exemples pervers, et attirés par les femmes
« prostituées qui composaient la société ordinaire des méprisa-
« bles successeurs de ces Français polis qui donnèrent jadis le
« ton de la décence et de la vraie noblesse à toutes les cours de
« l'Europe. Au milieu de cette dépravation effrayante, l'art
« dramatique rétrogradait d'une manière très sensible.

« L'art théâtral s'était soutenu malgré ce désordre, et il était
« même dans sa splendeur: *Préville, Lekain, Brizard, Molé,*
« *Desessart, Bellecourt, Larive, Dugazon, Dazincourt, Fleury,*
« *Naudet, Monvel;* Mesdames *Dumesnil, Clairon, Sainval*
« (aînée), *Sainval* (cadette), *Joli, Contat, Devienne,* étaient
« incontestablement supérieurs à *Baron*, qu'on nomme encore
« le *Roscius français*, à *Sarrasin, Lanoue, Poisson,* et à mes-
« dames *Champmêlé, Gaussin, Lecouvreur,* etc., et formaient
« un ensemble de talens qu'il faut avoir vu pour juger sainement
« l'art théâtral.

« Depuis l'époque de la révolution française (1789), l'art
« théâtral a déchu, et il a suivi la décadence de l'art drama-
« tique.

« C'est à cette époque que, pour la première fois, en France,
« le bourgeois, le marchand et l'artisan prirent part aux af-

« faires publiques ; et cette classe, qui jadis était presque étran-
« gère au spectacle, devint la seule qui eût la faculté d'y aller ;
« elle s'y porta avec ardeur, et en prit l'habitude.

« Cette affluence de spectateurs fit ouvrir de petits théâtres
« qui s'adonnèrent au genre qui devait plaire à des gens dont il
« fallait émouvoir les sens, et non intéresser l'esprit ; les sen-
« tences de Voltaire même ne furent plus assez fortes pour ex-
« citer une multitude qui, acteurs et témoins de scènes extraor-
« dinaires, trouvaient mesquin et mauvais tout ce qui ne
« portait pas leur caractère.

« Les faiseurs de pièces de théâtre ne travaillaient pas tou-
« jours pour la gloire ; et, pour complaire au nouveau public,
« des hommes qui, peut-être, eussent été des auteurs distin-
« gués, s'adonnèrent à un genre monstrueux, destructeur de
« tout talent. Les invraisemblances, les cavernes, les fantômes,
« les chaînes, les voleurs, enfin toutes les ridicules horreurs
« des romanciers anglais furent mises à contribution, et valu-
« rent à ces auteurs, sinon de l'honneur, du moins beaucoup
« d'argent. Le mélodrame a porté peut-être un coup mortel à
« la comédie et à l'art théâtral.

« Aujourd'hui, Thalie n'est pas plus riche en desservans
« que sa tragique sœur, et comme elle, cependant, elle a eu
« des favoris qui ont été célèbres. *Grandval*, qui jouait les pre-
« miers rôles dans la comédie, jouit encore d'une grande répu-
« tation ; on cite la beauté de son physique, l'aisance de son
« maintien, la noblesse de sa diction et la vérité de son talent.
« *Bellecourt*, qui succéda à *Grandval*, était aussi comblé des
« dons de la nature ; il avait un port majestueux, une figure
« distinguée, une tournure aisée, mais peut-être un peu moins
« d'âme que son prédécesseur. *Monvel*, qu'on ne doit point
« oublier en rappelant les grands comédiens, avait un physi-
« que frêle ; mais la nature l'avait doué d'une âme brûlante, sa
« diction était savante et pure, son jeu large et simple, ses
« attitudes aisées et toujours convenables au personnage qu'il
« représentait ; il était aussi cher à Thalie qu'à Melpomène, et
« jamais personne n'a possédé ce degré de sensibilité, sans la-

« quelle la comédie n'est plus un art. C'est sans doute cette pré-
« cieuse qualité qui a fait dire à Champfort que *Larive*, dont le
« physique était superbe, mais l'âme peu sensible, aurait dû
« avaler Monvel, pour être un acteur parfait. *Molé*, bien fait
« de sa personne, avait plus de grâce que de noblesse; mais il
« a été l'acteur le plus entraînant qui ait paru sur le théâtre
« français : son âme était de feu; elle s'emparait de celle du
« spectateur, le faisait frissonner, lui arrachait des larmes, lui
« communiquait sa gaîté, lui faisait partager sa joie et goûter
« ses plaisirs; enfin, ce comédien, vraiment célèbre, touchait
« le cœur, charmait l'esprit, et ne peut être comparé qu'à lui-
« même. *Fleury* réunit une tournure élégante à une figure ex-
« pressive, il a une finesse exquise, une élégance noble, et il
« possède, au suprême degré, le ton et les manières de gens
« de qualité; son jeu est varié et délicat, et toujours en harmo-
« nie avec le dialogue; enfin, chez cet acteur, l'art est toujours
« d'accord avec la nature. Voilà les comédiens fameux auxquels
« *Armand* doit succéder.

« Je ne parlerai point des acteurs qui ont rempli ou rempli-
« sent les autres emplois tant dans la tragédie que dans la co-
« médie, quoique la triste situation du Théâtre-Français suffise
« pour engager l'autorité à faire quelque attention au moyen
« que je lui proposerai pour l'améliorer ; je me bornerai, dans
« ce moment, à lui faire observer que dans l'état actuel de la
« troupe il ne peut plus y avoir au Théâtre-Français que l'en-
« semble de la médiocrité la plus faible. La plupart des princi-
« paux emplois (en l'absence de *Lafond*), pères nobles, rois,
« tyrans, comiques, grande-livrée (*Monrose* excepté), man-
« teaux, hauts comiques (après *Fleury*), sont tenus par des
« acteurs qu'on n'eût pas voulus pour doublures dans les beaux
« jours de la Comédie-Française.

« Quand Mlle *Mars*, *Fleury*, *Talma*, *Duchesnois*, *Michaud*,
« *Lafond*, *Michelot*, *Baptiste* cadet, ne jouent pas, le théâtre de
« la rue de Richelieu n'offre plus qu'une troupe de province, or-
« dinaire même, si on la compare à celle qu'on a vue jadis à Rouen,
« Bordeaux, Marseille, etc.; et si ces nouveaux chefs d'emploi

« suivent l'exemple de leurs prédécesseurs et ne s'entourent
« que de comédiens d'un talent plus faible que le leur, c'en est
« fait de l'empire de Thalie et de Melpomène. »

Ce que prévoyait l'écrivain que je viens de citer est bien près de s'accomplir. L'art théâtral touche à une décadence complète, quoique signalée depuis longtemps par plusieurs de nos meilleurs critiques, et bien sentie par les connaisseurs et les véritables amis des beaux-arts. Tous cependant espèrent encore que des littérateurs distingués se joindront à eux pour prévenir la perte d'un art dépendant de la poésie dramatique, mais qui en est inséparable.

En 1821, lors du renouvellement de l'année théâtrale, des comédiens qui n'avaient pu trouver d'engagemens avec les directeurs des théâtres des départemens formèrent à Paris plusieurs troupes pour parcourir certaines parties de la France, et imaginèrent d'y représenter le drame, le mélodrame et les niaiseries, genres déjà en vogue sur les théâtres des boulevarts; mais l'entreprise de ces troupes nomades n'eut pas, cette fois, un heureux succès.

Le goût pour ces sortes de représentations n'était pas encore parvenu jusqu'aux villes des départemens; la plupart repoussaient ces monstruosités et ces farces, et, dans certaines petites villes, les autorités faisaient défense de les jouer.

En 1825, le drame sanglant et le mélodrame étaient en grande faveur aux boulevarts; la haute société et la bonne bourgeoisie, par suite, prirent ce genre en grande affection.

Les petits théâtres ne désemplissaient pas. Enfin, ce qu'on avait regardé comme un caprice passager, dans les premiers instans, fut poussé ensuite jusqu'à la passion la plus exclusive. Ce fut alors que des spéculateurs, absolument étrangers à l'art dramatique comme à l'art théâtral, s'ingérèrent de prendre des directions : plusieurs obtinrent des priviléges, et cette nouvelle sorte de *trafiquans,* s'approvisionnant de drames sanglans et monstrueux, de mélodrames, de niaiseries, etc., etc.,.....
fit irruption dans les départemens, et parvint, cette fois, à établir ces genres sur plusieurs de leurs théâtres.

En 1826 le nouveau genre de spectacle dont nous venons de parler faisait fureur à Paris. Mais ce que les meilleurs critiques nommaient judicieusement les *situations impossibles*, les *reconnaissances incompréhensibles*, les *amours fidèles*, les *dénoûmens vertueux*, n'offraient plus assez d'intérêt pour attirer la foule ; il fallait du bizarre, du monstrueux et d'ignobles farces. Le beau monde voulait de violentes émotions en tout genre. Les cavernes, les voleurs, etc., etc., ne suffisaient plus ; ils furent d'abord remplacés par les *vampires*, les *jockos*, les *exécutions militaires*, etc., etc.,...... Vinrent ensuite les *bons poignards*, les *assassinats*, les *empoisonnemens*, les *enterremens*, les *bourreaux* : manquaient seulement les *échafauds* et les *exécutions*. Et qu'on ne s'imagine pas que la foule seule des bourgeois et du peuple courait à ces représentations ; la haute société s'empressait également d'y assister, et il était facile de s'en convaincre, en voyant la longue file des voitures rangées sur le boulevart, devant les salles de spectacle.

Depuis quelque temps, on avait institué à Paris une école de littérature moderne, désignée depuis par le nom de *romantique* ; un de ses adeptes, nous croyons, pour tâter le goût du public, avait fait représenter sur le Théâtre-Français (en 1823 ou 1824) le *Cid d'Andalousie*, tragédie dans laquelle jouaient Mlle Mars et Talma : mais ce coup d'essai ne fut pas heureux.

Cependant, les nouveaux *entrepreneurs de spectacle* redoublaient d'efforts pour implanter le mélodrame et le drame sur tous les théâtres de France. Les villes de premier ordre maintenaient encore sur leur scène la bonne comédie, et même la tragédie, souvent utile aux directeurs pour les représentations que venaient y donner des acteurs du Théâtre-Français en congé. Dans les villes de second et de troisième ordre, on jouait très peu la bonne comédie : les directeurs de leurs théâtres, ne la considérant plus que comme *accessoire*, ne la composaient (pour économiser sur les appointemens) que de sujets dépourvus de talens. Le public ennuyé en fuyait la représentation et ne suivait que celles de l'Opéra-Comique ou du Vaudeville.

Le mauvais goût propagé dans les départemens gagna enfin

tous leurs théâtres ; dans plusieurs villes de second ordre, les directeurs livrèrent leur scène au drame sanglant, au mélodrame, à certains vaudevilles et niaiseries. Peu de temps après, les grandes villes, non-seulement les imitèrent, mais firent encore élever un théâtre destiné au drame, mélodrame et vaudeville; d'autres en firent bâtir un second pour les représentations des variétés, comédies mélées de chant, niaiseries, farces, etc., etc.

Depuis ces diverses époques, les comédiens, qui ne jouaient que le répertoire du Théâtre-Français et quelques comédies de genre, restaient, la plupart, sans emploi, ou se voyaient forcés d'accepter de faibles appointemens dans les théâtres des grandes villes, où, pour la forme, les directeurs maintenaient encore la bonne comédie, mais détestablement jouée, et placée au répertoire (selon le langage des entrepreneurs de spectacle) pour *les mauvais jours*.

Les malheureux desservans d'un culte réprouvé, menacés dans leur existence, abandonnèrent forcément Thalie et Melpomène pour prendre différens partis. Beaucoup, parmi eux, renoncèrent au théâtre. Ceux favorisés d'une voix de chant agréable et suffisante pour l'opéra-comique s'adonnèrent à ce genre; d'autres, pouvant chanter le couplet, eurent recours à la comédie mêlée de chant et au vaudeville; les plus jeunes qui, doués de vigoureux poumons, se sentaient le courage de jouer et, au besoin, de brailler le mélodrame et le drame monstrueux, se rangèrent à ce parti; les plus âgés, qui ne possédaient d'autres ressources que le théâtre, se résignèrent à se joindre aux troupes ambulantes.

La tragédie et la bonne comédie ne se jouaient plus qu'à la Comédie-Française : il était donc impossible que, comme autrefois, il se formât des sujets sur les théâtres des grandes villes de France. Les élèves qui étudiaient à Paris, où la Comédie-Française leur offrait encore de beaux modèles, se voyaient privés du grand avantage d'aller en province pratiquer les leçons et les exemples qu'ils avaient reçus, ainsi que l'avaient fait les célèbres acteurs qui ont illustré la scène française jusqu'aux dernières années du dix-septième siècle.

A cette époque, on déplorait encore la mort de Talma. La perte de ce grand tragique, malgré les efforts de ceux qui le remplaçaient, laissait dans la tragédie un vide inexprimable, et faisait pressentir que son héritage serait longtemps vacant.

En 1827, la Comédie-Française fit un second essai de la nouvelle littérature, en donnant une traduction d'*Othello*, par M. Alfred de Vigny, et plus tard *Hernani*, tragédie de M. Victor Hugo.

L'école littéraire, dite alors *romantique*, comptait déjà de nombreux partisans; ses admirateurs l'exaltaient. Les amis du progrès, sans se livrer à l'attente qu'elle dût un jour surpasser *celle de nos grands écrivains*, que les fanatiques nommaient *la vieille*, ces prudens amis de toute saine doctrine, disons-nous, n'en désapprouvaient donc point l'essai, et attendaient ses productions pour se prononcer.

Nous ne préciserons ni la durée, ni l'époque encore si près de nous des querelles littéraires qui eurent lieu entre les deux écoles; il n'entre pas dans notre sujet de les comparer : nous laissons aux littérateurs distingués et aux bons écrivains le soin de décider laquelle des deux mérite la supériorité. Nous ferons seulement remarquer que *Corneille*, *Racine* et *Voltaire* furent délaissés, et que le public se porta en foule au drame moderne.

Les disciples de l'école dite *romantique* propagèrent ses doctrines avec enthousiasme, et trouvèrent facilement dans les jeunes écrivains des imitateurs, qui, dans la suite, poussèrent ses maximes jusqu'à la plus fantasque exagération.

Le drame moderne et le mélodrame s'étaient, pendant ce temps, enracinés sur tous les théâtres de France. Le goût était définitivement corrompu, et l'art théâtral, de jour en jour, avançait rapidement vers sa perte : Paris avait donné l'exemple; les départemens s'étaient empressés de le suivre avec engouement ou plutôt avec frénésie.

L'abandon de la bonne comédie et de la tragédie, par presque tous les théâtres de France, devait infailliblement amener la disette de sujets dans ces deux genres, et priver la Comédie-Française des moyens de remplacer ceux de ses sociétaires que la mort ou une retraite après de longs services leur avaient enlevés.

C'est à la suite de cette grande difficulté, s'augmentant tous les jours, que *les médiocrités* de nos théâtres (et il y en avait déjà un grand nombre), ne se sentant pas capables de s'élever à la hauteur de l'art, et naturellement ennemies de l'étude, trouvèrent plus facile de le réduire aux proportions de la petitesse de leur talent. Toutes les *nullités* leur vinrent en aide, en adoptant leur pauvre et déplorable idée d'établir ce qu'ils appelaient une nouvelle méthode de *dire* et de *jouer* le drame, la tragédie, la comédie, ainsi que tous les genres de l'art dramatique. D'abord ces pitoyables novateurs tournèrent en ridicule l'éducation théâtrale, et conséquemment repoussèrent les élémens et les principes, bases de l'art, et enfin *toute étude*, s'autorisant sottement de cette proposition, *qu'on naît poète, peintre, comédien, etc.* Sans respecter la langue française et sa prosodie, sans égard pour le style comme pour la vérité relative, ils substituèrent au *beau parler*, au *bon ton*, aux *convenances théâtrales* un *dire bas* et *trivial* qu'ils nommèrent *vérité*; un *maintien effronté* qu'ils appelèrent *aisance*, et qu'ils appliquèrent indistinctement à tous les personnages. Par leur ridicule méthode, *ils prétendaient anéantir la diction rococo du temps de l'empire;* car ils ne pensaient pas faire allusion au temps de la vieille déclamation psalmodiée, mais bien déprimer impudemment le souvenir des acteurs qui, à l'époque qu'ils citaient, avaient laissé à la scène des célébrités et des comédiens d'un talent remarquable (1).

Ces désastreux réformateurs voulaient donc *créer un dire* (ou selon l'usage au théâtre), *une diction* plus en rapport avec la littérature de l'époque. Il fallait toute leur ignorance et

---

(1) La Comédie-Française, sous l'empire, se composait de MM. Fleury, Monvel, Talma, Grandmesnil, Michaud, Monrose, Firmin, Michelot, Lafond, Damas, Armand, Baptiste aîné, Baptiste cadet, Cartigny, Menjaud, Mmes Mars, Duchesnois, Leverd, Bourgoin, Volnais, Demerson, Menjaud.

leur frénésie pour croire que les littérateurs modernes consentissent jamais à ce que les personnages de leurs œuvres dramatiques fussent privés du charme de la parole, du ton et du maintien convenables.

Pendant ce temps d'innovations déplorables, le Théâtre-Français avait perdu mademoiselle Duchesnois : Lafond, Michelot et Firmin s'étaient retirés. La tragédie n'offrait plus qu'un ensemble si faible, qu'il devint impossible de la représenter. La comédie offrait encore quelques belles soirées, quand mademoiselle Mars jouait entourée des acteurs et actrices, restes de la Comédie-Française, qui conservaient toujours ce beau langage et cet excellent ton établis au Théâtre-Français dès l'origine de sa splendeur, et que possédait si éminemment la célèbre actrice dont la scène est en deuil.

C'est en ce moment, où la Comédie-Française éprouvait les funestes effets d'un système destructeur, qu'un de ses sociétaires, poussé par une inspiration *diabolique*, l'adoptait en partie; et, protégé par le chef de la division des Beaux-Arts (ministère de l'intérieur), obtenait le privilége d'élever une *école dite de déclamation*. Saint-Aulaire, enfin, le plus mauvais, le plus cynique comédien de France, *ainsi protégé*, couvrait les murs d'affiches, et appelait, à ce qu'il nommait *sa classe*, la jeunesse des deux sexes qui aspirait au théâtre. Il s'en présenta un grand nombre ; la majeure partie sans instruction, et presque tous dépourvus du physique indispensable à la scène. Cette malheureuse jeunesse, composée d'artisans, de jeunes ouvrières, et de quelques filles de portiers, livrées aux nouvelles idées sur les études de l'art théâtral, s'imagina que rien n'était plus prompt et plus facile que de se faire comédien : abusés par le professeur, qui leur faisait croire qu'ils seraient *de bons acteurs*, beaucoup abandonnèrent leur profession pour faire de misérables comédiens de la banlieue. Enfin, nous disait-on, il faut avoir vu l'étouffoir de ce nouveau cadet Roussel professeur, pour s'en faire une idée. Pour terminer sur ce bizarre personnage, je vais citer comment s'exprimaient deux écrivains distingués sur le compte de *Saint-Aulaire*, dans leurs feuilletons du 12 avril 1841.

« *Saint-Aulaire* est un produit dramatique du *Conservatoire*,
« c'est-à-dire de cette école pédante et routinière qui, sous
« prétexte de conserver les traditions et la belle diction, fait
« pulluler, depuis trente ans, des générations de comédiens;
« écoliers froids, compassés, didactiques et uniformes, sans
« inspirations, sans physionomie, sans individualité, qui vien-
« nent, les uns après les autres, psalmodier, sur la même
« gamme, des rôles différens au Théâtre-Français, par imita-
« tion les uns des autres, comme les moutons de Dindenault,
« qui sautaient dans la mer, pour faire comme le mouton de Pa-
« nurge, *criant et bêlant en pareille* intonation. Saint-Aulaire
« est de cette école d'acteurs qui ne sont ni comiques ni tra-
« giques,.... il vient d'accomplir une carrière théâtrale qu'il
« a traînée pendant vingt ans dans cette ornière dont il n'a ja-
« mais voulu sortir. Pendant quatre ans il a joué la comédie en
« province; il est venu débuter, en 1820, au Théâtre-Français,
« avec tous les défauts et les ridicules de son école. Il aurait
« pu faire beaucoup mieux qu'il n'a fait, si l'insouciance qui
« lui est naturelle ne lui eût pas fait considérer son art comme
« un *métier*, qui devait, au bout de vingt ans, lui rapporter
« 5,000 livres de rente. »

A cet article je joins l'histoire de Saint-Aulaire pendant
tout le temps de sa présence au Théâtre-Français, écrite par
un de nos meilleurs feuilletonistes. « Saint-Aulaire, dit-il, est
« un des plus étonnans phénomènes du théâtre ; jamais, de mé-
« moire de spectateur, on ne contempla une médiocrité plus
« placide et une plus calme nullité. Rien ne pouvait émouvoir
« Saint-Aulaire ; il abordait tous ses rôles dans la comédie et
« dans la tragédie avec la même tranquillité ; toujours étranger
« à la scène et à l'action, il arrivait au bout du couplet, don-
« nait la réplique, attendait la réponse, raisonnait, mariait,
« dotait, recevait les confidences, prenait sa part des com-
« plots, des crimes ou des forfaits, aimait, haïssait, rece-
« vait, maudissait et bénissait sans cesse sur le même ton et
« avec un sang-froid imperturbable. Saint-Aulaire avait trois
« habits : un costume antique qu'il drapait selon le temps et

« les lieux, tour à tour grec, romain, gaulois, germain, franc,
« turc ou persan ; il le disposait sans se tourmenter beaucoup
« des coutumes, des âges et de l'histoire. Il le portait pour tout
« ce qui était en deçà du dix-septième siècle ; *item*, une façon
« de casaque à la Louis XIV et qui servait à tous les person-
« nages de la comédie ; il l'avait fait faire ample et commode,
« sobrement ornée, et de telle sorte qu'elle pût tenir le juste
« milieu entre l'habit long et l'habit court, la toilette et le né-
« gligé ; *item*, un habit brodé provenant de la défroque d'un
« chambellan de l'empire, à taille haute et à collet monté ; ce
« vêtement servait à la comédie du second ordre, il représen-
« tait les mœurs de la fin du dernier siècle et du commence-
« ment de celui-ci. Ainsi affublé, pourvu d'une mémoire qui
« n'a jamais pu vivre en bonne intelligence avec la rime, la
« mesure, la grammaire et autre pruderie du vers et de la
« prose, il a traversé une époque brillante et mémorable ; il a
« vécu dans la familiarité des chefs-d'œuvre ; il a joué la tra-
« gédie à côté de Talma, il a fini à côté de mademoiselle Ra-
« chel ; il a joué la comédie à côté de mademoiselle Mars, et il
« se retire en même temps qu'elle ; il a partagé doucement et
« sans conteste la fortune que le Théâtre-Français devait à ces
« talens d'élite ; il a été membre de la première société drama-
« tique du monde, et il achèvera dans l'aisance d'une pension
« que le mérite et le courage ne gagnent ni dans les emplois,
« ni dans les camps, une existence que rien n'a troublée. Saint-
« Aulaire est un haut et frappant témoignage de ce qu'il y a
« de force dans l'inertie, de mouvement dans l'immobilité et
« de puissance dans une négation. Supposez un instant que
« ce cœur ait battu, qu'il y ait eu dans ce corps un souffle et
« un esprit ; donnez à Saint-Aulaire une seule passion, vous
« aurez un comparse de mélodrames et un facteur de Vaude-
« ville. Ceux qui sont persuadés qu'il n'y a pas d'effet sans
« cause pensent que Saint-Aulaire, professeur de déclama-
« tion, a pu protéger quelque peu Saint-Aulaire le comédien.
« On se trompe ; il enseignait comme il savait et comme il pra-
« tiquait lui-même, avec cette sécurité et cette confiance qui

« remplacent si heureusement l'esprit et le savoir ; il formait
« des élèves à la mécanique, il avait des représentations à la
« mécanique, et *sa classe* n'était qu'un atelier ; jamais il n'a
« songé, cet homme excellent, à former autre chose que des
« orgues de Barbarie qui débitaient le récit de *Théramène*, les
« imprécations de *Camille*, le songe d'*Athalie* ou les fureurs
« d'*Oreste* ; Saint-Aulaire travaillait en chambre pour avoir un
prétexte de ne rien faire en public. »

On peut aussi mettre au nombre des causes de la décadence *les théâtres de la banlieue*, élevés d'abord sans prétention par un nommé Séveste, acteur peu remarqué du Vaudeville, mais, d'ailleurs, bon et honnête homme ; à sa mort, ses fils en continuèrent l'exploitation.

Sous le ministère Martignac, quoique le ministre, qui aimait et cultivait les beaux-arts, ne considérât pas ces théâtres comme utiles au progrès de la scène française, M. Siméon, *directeur des Beaux-Arts*, sur la volonté de madame la duchesse d'Angoulême, fit donner aux MM. Séveste fils un privilége de *quinze années*, pour exploiter *tous les théâtres de la banlieue*, avec entière liberté d'y écorcher nos chefs-d'œuvre, les pièces nouvelles de la Comédie-Française et de tout autre théâtre, quel qu'en fût le genre. Cette sorte de galère pour les pauvres apprentis comédiens fut desservie par eux, moyennant des appointemens de 20 et 30 francs par mois, et au maximum de 50 francs, pour ceux réputés plus capables.

C'est de ces *boutiques* des barrières qu'est sorti ce déluge de soi-disant comédiens qui a inondé les départemens, empiré la disgrâce des acteurs jouant encore la bonne comédie, et puissamment contribué à prolonger la durée du mauvais goût. C'est encore aujourd'hui parmi les échappés de la galère Séveste, et dans la même fabrique de comédiens, que divers entrepreneurs de spectacle, dans les départemens, se fournissent d'acteurs à bon marché. Après tout, on ne peut s'en prendre positivement à M. Séveste qui, comme tant d'autres, même à Paris, sans précédens dans les arts, et seulement comme entrepreneur de spectacle, n'a travaillé que pour ses intérêts. Tout le blâme, nous croyons, ne doit tomber que sur ceux qui ont, jusqu'à ce jour, dirigé l'art théâtral.

A ces fléaux de l'art qu'ont fait naître l'intrigue, la médiocrité et l'ignorance, il faut joindre encore celui de la *claque*, érigée en système, et tellement perfectionnée aujourd'hui, qu'elle est devenue même une science *administrative* dans une direction théâtrale. Il faut, pour s'en faire une idée, examiner avec attention quel service important fait au Théâtre-Français cette troupe d'assureurs, commandée, comme elle l'est maintenant, par un *capitaine* expérimenté, secondé par un bon *lieutenant*.

Considérant l'extrême faiblesse de l'ensemble de la troupe du Théâtre-Français, ainsi que la disette de sujets qui s'opposait à une organisation plus convenable à notre premier théâtre, le gouvernement avait cru prévenir sa perte en payant d'abord les dettes de cette société, ensuite en lui faisant accorder un subside de 200,000 francs, et en rétablissant l'école royale du Conservatoire. Le subside, mal appliqué, n'a pas atteint son but, et l'enseignement, mal dirigé, n'a rien fait pour le progrès de l'art : on en a la preuve aujourd'hui.

C'était sans doute une idée généreuse de rétablir l'école royale pour l'enseignement d'un art dont l'autorité pressentait la perte si près de s'accomplir. Mais qu'ont produit de si favorables dispositions? Quelle direction le chef de la division des Beaux-Arts a-t-il donnée à cette institution? Il a fait nommer, pour enseigner la tragédie, un comique, et MM. *Provost* et *Beauvallet!!!* Il a même été, pendant assez longtemps, question de leur adjoindre le factotum, le remuant et important *Regnier*, peu remarquable, toutefois, dans les représentations.

Relativement au Conservatoire, je place ici le feuilleton d'un écrivain distingué, présent au concours qui eut lieu à cette école, en 1840. Nous pensons absolument comme cet habile critique, et lui empruntons son feuilleton.

« — Nous le disons avec tristesse : si le Conservatoire est l'a-
« venir, nous devons nous résigner à une longue indigence.

« Nous ne sommes pas contraires à l'existence du Conserva-

« toire ; nous pensons, avec les plus illustres comédiens, qu'il
« peut rendre des services. On trouve dans les Mémoires de
« Lekain la note suivante : « Le 4 septembre 1756, Lekain a
« fait un mémoire tendant à faire établir une école de déclama-
« tion ; le titre de cet écrit était ainsi conçu :

« *Mémoire précis tendant à constater la nécessité d'établir une*
« *école royale pour y faire des élèves qui puissent exercer l'art de*
« *la déclamation dans le tragique, et s'instruire des moyens qui*
« *forment le bon acteur comique.* » Dans un passage des *Mé-*
« *moires de Bachaumont*, on lit : « Lekain et Préville vien-
« nent d'obtenir un privilége pour une école de déclamation
« dont ils seront nommés professeurs. » Le Conservatoire ne
« fut fondé que 28 ans après le mémoire de Lekain, et 10
« après la mort de Bachaumont.

« D'une institution utile, le professorat a fait un établisse-
« ment oiseux aujourd'hui, demain funeste. On ne s'est jamais
« occupé d'enseigner aux élèves du Conservatoire le drame,
« c'est-à-dire l'art dramatique : on leur a enseigné la conven-
« tion. Au lieu d'une éducation absolue, la seule qui soit fé-
« conde, ils reçoivent quelques leçons relatives. Aucun des
« travaux préparatoires qui constituent, en quelque sorte, la
« gymnastique du théâtre, n'est recommandé aux élèves ; on
« les dresse à quelques artifices de voix, d'inflexions et de
« gestes, sans daigner s'enquérir s'ils connaissent le langage,
« la langue, la prononciation ! La routine des classes se cram-
« ponne à quelques chefs-d'œuvre ; on les apprend aux élèves
« à peu près comme on apprend des airs aux oiseaux. S'imagi-
« ne-t-on, par hasard, qu'un serin sache chanter, et qu'un
« perroquet sache parler ? On ne songe nullement à donner ces
« préceptes qui doivent éclairer toute la vie dramatique, initier
« l'élève aux secrets et aux exigences de la scène, et non pas
« seulement au mécanisme d'un rôle. De ce qui ne devait être
« que des exercices, on a fait des leçons ; on a érigé les
« exemples en règles. Il arrive à cette heure qu'il n'y a plus
« d'harmonie entre les mœurs du théâtre actuel, ses besoins et
« l'enseignement du Conservatoire ; tout aussitôt, cette institu-

« tion est frappée de mort, parce qu'elle n'a rien fait pour
« l'art, pour l'art éternel, celui qui survit à tous les temps, à
« toutes les modes et à tous les systèmes; elle s'est vouée ex-
« clusivement à une certaine conformation, et à une variété de
« l'art.

« En un mot, l'enseignement du Conservatoire est tragique
« ou comique, selon le vœu des élèves; pour aucun d'eux il
« n'est dramatique. Sa gloire ancienne ne lui appartenait pas
« en propre, elle lui venait du théâtre : présentement, il ne
« peut rien pour soulager le théâtre qui meurt et s'éteint.

« Il est vrai que cette école a compté jadis dans les rangs de
« ses professeurs, les *Molé*, les *Dugazon*, les *Fleury*, les *Saint-*
« *Prix*, les *Baptiste* (aîné), les *Michelot* et les *Lafond*; à côté de
« ces noms, la liste des maîtres actuels serait une sanglante
« épigramme.

« Ce qui n'empêche pas le Conservatoire de musique et de
« déclamation de coûter à l'État une somme annuelle de 140,000
« fr., à laquelle il faut ajouter de vastes et somptueux logis,
« des jardins, et tout ce qui peut embellir la vie des bienheu-
« reux chanoines titulaires de ces prébendes (1).

« La tragédie, que Rachel devait sauver, est expirante au
« Théâtre-Français. Beauvallet l'étouffe de ses deux mains, il
« la tue en l'insultant; ce farouche Othello ne lui pardonne
« pas d'avoir eu quelques bonnes fortunes récentes avec
« Joanny, avec Ligier même et surtout avec Rachel; dans sa
« jalousie brutale, il la souille et l'égorge. Elle lui résistait; il
« l'a assassinée. Le rôle d'Auguste n'a pas même été épargné
« par lui! Quant au rôle de Manlius, nous le lui livrons volon-
« tiers; l'œuvre de *Lafosse* nous intéresse peu et nous ne crai-
« gnons rien pour la mémoire de Talma : la parodie est un
« hommage rendu au vrai mérite. La comédie, livrée tout en-
« tière à cette colonie de l'Odéon autrefois si envieuse des
« beaux succès du Théâtre-Français, n'a plus d'espoir tragique,

---

(1) Les professeurs, qu'on appelle encore *de déclamation* (au Conservatoire), ne jouissent pas de ces avantages et n'ont pas non plus des émolumens aussi élevés que les professeurs de chant, etc., etc.

« c'en est fait : Rachel isolée ne servira qu'à orner une pompe
« funèbre. Je sais qu'il peut surgir quelque soudaine merveille;
« les héros de théâtre ne naissent pas sous la pourpre, souvent
« on les voit poindre des régions les plus infimes, et malgré
« l'anathème de l'Église, l'avenir du théâtre est providentiel.
« Mais ces parvenus de la scène conservent presque toujours
« la triviale âpreté de leurs premières années ; on les voit por-
« ter la grossièreté à la ville, au théâtre, mêler leur cynisme à
« l'exercice même de leur profession, et pousser la rudesse
« jusqu'à l'insolence et la brutalité. A force d'impudence, ils
« espèrent faire oublier la bassesse de leur origine, comme ces
« ennoblis qui se figurent qu'ils effaceront leur roture à force
« d'arrogance. M. le commissaire royal assiste à l'agonie du
« Théâtre-Français ; il détourne les yeux, et laisse consommer
« le meurtre qu'il pourrait empêcher ; mais l'inaction fait par-
« tie de ses devoirs. »

Que pouvait-on attendre, d'abord, de ce hideux établissement Saint-Aulaire, privilége tellement exclusif que lui seul avait le droit, non-seulement d'ouvrir une école publique, mais encore de donner des représentations sous le prétexte d'exercer ses élèves ; représentations qui avaient lieu tous les dimanches dans son étouffoir et rapportaient une somme assez ronde à l'avare professeur qui faisait *vendre les billets;* ainsi, non-seulement il cumulait ses appointemens de sociétaire, le revenu de ses élèves et des représentations, mais il recevait encore à titre *d'encouragement* (et assez souvent) un billet *de mille francs,* tandis que M. le chef de la division des Beaux-Arts éconduisait, assez désagréablement même, des hommes qui avaient fait leurs preuves. De fait, qu'a retiré le gouvernement de ce hideux et funeste établissement, ainsi que de ces innovations et de ces écoles ? Le *déshonneur de l'art,* et *une effrayante stérilité.*

En 1836, la Comédie-Française fit mettre au répertoire les ouvrages de Molière et ensuite les tragédies de Corneille, Racine et Voltaire. La remise des chefs-d'œuvre de nos grands maîtres fut, dans ce temps, attribuée au directeur Jouslin de La Salle, qui n'en méritait pas plus l'honneur que le bureau des Beaux-Arts du ministère de l'intérieur, dès longtemps défavorable au genre classique, mais bien au ministre de l'intérieur qui en donna l'ordre, dès qu'il fut instruit de la situation inconvenante du Théâtre-Français.

Les chefs-d'œuvre de nos grands-maîtres attirèrent le public qui, en faveur du plaisir qu'il éprouvait à les entendre de nouveau, ne jugea pas sévèrement la médiocrité de l'ensemble des acteurs.

Vinrent les débuts de mademoiselle Rachel : elle les commença par les rôles de *Camille, Émilie, Ériphile* et *Aménaïde*. Ces débuts eurent lieu devant un public peu nombreux et furent peu marquans, mais cependant accueillis avec les encouragemens qu'on accorde toujours aux jeunes débutantes qui montrent quelques dispositions favorables à l'art; et, en effet, mademoiselle Rachel se présentait avec quelques-unes; celles d'*un dire* raisonnable, un peu trivial, mais qui, ennobli, pouvait parvenir à *la vérité;* ensuite elle montrait une sorte d'instinct théâtral, avec peut-être un peu trop de confiance et d'aplomb pour une débutante.

Le rôle d'*Hermione*, que plus tard mademoiselle Rachel joua d'une manière un peu plus saillante, *éveilla M. Samson*, son professeur, chef des meneurs qui gouvernaient alors les sociétaires et le Théâtre-Français, aussi bien que les études de l'école royale du Conservatoire. Cette sorte de succès dans le rôle d'Hermione, disons-nous, donna au maître Samson l'idée de faire *mousser* (1) son élève; et il faut convenir qu'il employa habilement les grands moyens que lui donnait son pouvoir absolu au Théâtre-Français; cependant il fut surpassé par mademoiselle Rachel et son papa Félix, auteurs d'une, nous ne dirons pas *haute, mais longue et mystifiante comédie d'intrigue*, qu'à cette occasion ils mirent en action, qui dure depuis quatre ans, et dont, avec le public, nous attendons encore le dénoûment.

(1) Expression qui, au théâtre, signifie *préparer* et *enlever* un succès plus complet.

C'est toujours ce rôle d'Hermione qui amena l'appel de tout ce que Paris, nous le croyons, pouvait contenir de fidèles enfans d'Israël; il fut également le signal des puffs de tout genre, de ces queues si longues que la moitié au moins ne pouvait avoir de billets, et, comme cela arrivait souvent, des médisans, sans doute, la nommaient *la queue postiche*.

A la deuxième représentation d'Andromaque (où nous étions aussi), les applaudissemens, les transports et les cris d'admiration retentissaient au parterre, à l'orchestre et même aux secondes galeries; on se pâmait enfin, et, dans la suite, cela allait jusqu'aux convulsions : nous ne pouvons exprimer dans quel étonnement nous ont jetés de telles extravagances, à cet hémistiche (scène deuxième du deuxième acte) : *Mon père l'ordonnait*, prononcé trivialement, l'index en l'air, et accentué à contre-sens, comme plusieurs scènes de ce rôle; surtout le couplet (dit au théâtre) d'*ironie*, prononcé avec *sécheresse*, *pédanterie* et en général avec une finesse *couleur de rose*, ensuite terminé sans *accentuation dramatique* ; en somme, mademoiselle Rachel n'a jamais compris cette admirable scène deuxième du quatrième acte ni d'autres qu'il serait trop long de désigner. C'est depuis cette seconde représentation d'*Andromaque* que mademoiselle Rachel, prônée par les Juifs et *assurée* par les claqueurs stipendiés, fut proclamée *actrice modèle*, devant faire *école*, et successivement, dans la même année, *grande*, *célèbre et sublime actrice* (historique)! Mademoiselle Rachel laissait, disait-on, bien loin derrière elle toutes les actrices qui avaient paru depuis plus d'un demi-siècle sur la scène française et devait nous ramener ses plus beaux jours. Certains feuilletons et les puffs commencèrent à élever cette réputation presque européenne, que l'intrigue et le charlatanisme voulaient lui faire; mais l'actrice *célèbre* (à *Paris*) commit la faute de se montrer à Rouen, et l'inconséquence irréparable d'en faire autant chez l'étranger. Nous devons dire à ce sujet qu'il n'y a pas de connaisseur, d'homme de goût, qui ne soit encore frappé de surprise par la durée de cette comédie dont l'histoire du Théâtre-Français ne présente point d'exemple jusqu'ici, et qui, si elle enregistre tous ces faits honteux, laissera plus d'un doute dans l'esprit de ceux qui la liront.

Nous avons vu des enthousiastes, ou plutôt des fanatiques, s'écrier : *Quel immense talent! qu'elle est jolie et gracieuse!* d'autres : *Quelle belle et grande actrice!* Il eût été très dangereux de se montrer, comme nous, d'un avis contraire. Mais ce qui devait causer le plus de déplaisir aux vrais connaisseurs, c'était d'entendre des hommes d'esprit, des académiciens, se joindre aux extravagans pour encenser leur idole. Deux, surtout, rabaissaient un acteur célèbre et une actrice qui, tous deux, avaient, par leur grand talent, fait réussir plusieurs de leurs ouvrages : l'un disait que Mlle Rachel, dans son genre, égalait Mlle Mars; l'autre, qu'elle surpassait Duchesnois ; l'ingrat! un troisième que, dans elle, il y avait *trois Talma!!!*

Nous avons suivi exactement les premiers débuts de Mlle Rachel, ainsi que leur longue continuation ; et, pour en juger équitablement, nous avons voulu l'entendre plusieurs fois dans les rôles, nouveaux pour elle, qu'elle mettait à la scène; nous avons donc une exacte connaissance de ces rôles rabachés par Mlle Rachel depuis trois ans et demi, sans avoir pu nous convaincre que son incomplet talent lui ait mérité cette *célébrité,* si légèrement proclamée qu'on ne peut *consciencieusement* la considérer que comme une plaisanterie de notre époque.

En 1840, Mlle Rachel prit son premier congé ; précédée de ses titres et munie de puffs préparés à l'avance, elle présenta son immense talent au public de Rouen, qui *n'a pas compris la tragédienne ;* il attendait de l'émotion et n'a trouvé que métier, sécheresse et nul entraînement : aussi fut-elle froidement accueillie, et tous les puffs manquèrent leurs effets. La *célèbre* voyageuse offrit au directeur du Havre de donner des représentations sur son théâtre ; mais les hautes prétentions de l'actrice *sur les recettes* ne permirent pas à ce directeur d'accepter ses offres.

Mlle Rachel fut plus heureuse à Lyon; la presse ne fut pas d'accord sur le talent de la tragédienne, mais on apprit, par un journal du pays et ici par plusieurs des nôtres, que la grande tragédienne avait été reconduite chez elle triomphalement et qu'une couronne d'*or* avait été posée sur sa tête par Mme Dorval, dans ce moment en passage à Lyon.

De Lyon, Mlle Rachel donna des représentations à Saint-Étienne, où, comme à Rouen, elle fut incomprise ; là se termina son premier voyage.

Sa rentrée au Théâtre-Français lui fut assez favorable; mais vers la fin de l'année théâtrale, en 1841, la célébrité chancelait déjà ; il fallait la soutenir; les enthousiastes mollissaient, on devait les rafermir; la juiverie, tranquille sur le sort de sa princesse, ne croyait plus si nécessaire son furieux fanatisme ; il était pressant de leur faire un sérieux et touchant appel. Le moment de jouer un grand acte de la fameuse comédie d'*intrigue* approchait. Durant les derniers mois de l'année théâtrale, les recettes baissaient et la *grande actrice* voulait faire connaître aux sociétaires du théâtre les conditions auxquelles elle renouvellerait son engagement. Tout fut donc rétabli vigoureusement, comme au temps de la fondation de *cette haute et surprenante réputation*.

Après d'assez longs débats, fatigans pour le public qui, depuis plus de deux mois, n'entendait parler que d'ennuyeuses discussions entre les comédiens et l'actrice, pour des intérêts qui ne pouvaient le toucher, principalement celui de l'*argent*, dont l'actrice lui paraissait plus avide que passionnée pour son art, papa Félix réduisit enfin les prétentions de sa fille et pupille à un engagement d'un an et à la modique somme *de soixante mille francs* et trois mois de congé, prolongé jusqu'à cinq.

Le 1er mai 1841, Mlle Rachel commença donc son grand voyage par Londres. Ses représentations, ses succès, les ovations, les honneurs qui lui ont été accordés, etc., etc,.... tout cela a eu assez de retentissement dans les journaux de Londres et dans les nôtres, pour que nous soyons dispensés de les narrer exactement. Nous ne parlerons que de l'origine des puffs les plus fameux qu'on ait fait voyager à Londres. Il sont nés à Paris, enfantés par papa Félix, sa fille, et M. V... : M. C... les écrivait (ou rédigeait) et les remettait à M. V...., qui *les payait* et les envoyait à Londres à un M. B******* qui les traduisait, ou faisait traduire et insérer dans les journaux de Londres.

Ensuite a paru, dans la *Revue de Paris*, le plus gracieux, le plus romantique des puffs, celui de M. d'A........., qui, *à Londres*, a retrouvé dans mademoiselle Rachel *une autre Sévigné*; et, *à trois pas d'elle*, notre célèbre tragédienne lui a paru très belle. Nous ne disputerons pas sur la beauté de mademoiselle Rachel; nous ne l'avons encore vue que de l'orchestre, et sans doute *à plus* ou *à moins de trois pas*.

Mademoiselle Rachel a fait sa rentrée au Théâtre-Français, le 2 octobre dernier, par le rôle de Camille, qu'elle n'a joué ni mieux ni plus mal, c'est-à-dire, comme toujours, par routine, mollement et sèchement, avec rage enfin, au lieu des sentimens qui conviennent à Camille.

Depuis sa rentrée, mademoiselle Rachel n'a rien montré qui puisse justifier cette colossale réputation qu'on a voulu lui faire. Nous croyons que l'intrigue et la sotte cabale (qui recommencent encore les mêmes manœuvres) perdront cette jeune fille, qui ne peut porter le fardeau dont ils l'ont accablée; car ni les comédiens, ni les puffs qui d'ailleurs sont usés, ni les Juifs, ni les assureurs, si nombreux qu'ils soient, et tous les claquetins ensemble, ne pourront détourner tout ce qui doit résulter d'un pareil.... *tripotage;* nous hésitions, mais c'est le mot propre, et très justement appliqué.

Parmi tant d'exagérations, nous rapportons un article contenu dans le *Constitutionnel* du 3 octobre 1841, page 4 (entre colonne) : « Mademoiselle Rachel a fait jeudi sa rentrée par
« le rôle de Camille (d'Horace), devant un nombreux auditoire
« empressé de saluer le retour de la jeune tragédienne. Sa
« diction harmonieuse et savante, surtout l'énergie si drama-
« tique qu'elle a déployée dans la scène des imprécations, ont
« justifié ce brillant accueil et enlevé tous les suffrages. Le
« voyage et cette longue absence n'ont rien ôté à la pureté
« de son talent, et semblent avoir fortifié sa santé et donné à
« son extérieur un caractère plus imposant. »

Il ajoute : « On lit dans le *Courrier de la Gironde* : — Mademoiselle Rachel a fait encore plus d'impression à Bordeaux dans les salons que sur la scène. On m'a cité d'elle un mot fort plaisant. Elle disait qu'elle avait eu beaucoup de peine à exprimer ce vers de Bajazet : *Ecoutez, Bajazet, je sens que je vous aime*, attendu qu'elle le traduisait involontairement par celui-ci : *Ecoutez, Beauvallet, je sens que je vous aime*, et que précisément elle ne sentait pas cela. Comme elle était à la recherche d'une heureuse *inspiration*, quelqu'un lui fit observer que l'amour de Roxane pour Bajazet est très peu idéal, et que, si elle pouvait remplacer Beauvallet par *une chose....* qu'elle aimât, elle exprimerait sans difficulté l'amour de Roxane. Mademoiselle Rachel aime beaucoup les glaces. L'aigrette du turban de Bajazet ressemblait assez à une glace panachée; et aujourd'hui, lorsque mademoiselle Rachel prononce ce vers qui *fait tressaillir* tout son auditoire, elle le modifie ainsi mentalement : *Ecoutez, glace panachée, je sens que je vous aime* (1). »

Le savant observateur continue ainsi :

« Il y a dans les arts mille procédés de ce genre; mais il faut s'en défier. En général, les grandes inspirations *viennent du cœur*. C'est vieux, mais c'est vrai. »

Sans doute, c'est très vieux et très vrai; mais mademoiselle Rachel n'en offre jamais l'exemple : la cause en est connue.

L'article peu exact sur la représentation d'*Horace*, et ensuite le pompeux éloge qu'il fait des qualités de mademoiselle Rachel et de la pureté de son talent, ainsi que le puff *si niais* et *si gascon* extrait du *Courrier de la Gironde*, nous paraissent tous deux des mêmes auteurs et de la même fabrique que tous les écrits traduits et retraduits qui nous ont été envoyés de Londres. On ne peut que rire de la *chose* (bagatelle) venue *de la Gironde* ; et sans doute, on nous permettra de n'avoir pas la même opinion que l'auteur de l'article louangeur sur le talent

(1) L'auteur de cet article n'avait sans doute pas vu les représentations de *Bajazet* par Mlle Rachel, car jamais Beauvallet n'a joué Bajazet ; il assommait, au contraire, l'admirable rôle d'Acomat.

de mademoiselle Rachel. Selon nous, la jeune tragédienne a été plus que faible dans le rôle de Camille, et très froidement accueillie du public, qui, de plus, a contenu les assureurs et les fanatiques applaudisseurs convoqués pour cette grande soirée. Les protecteurs et les amis de l'actrice n'ont pu trouver l'occasion favorable pour lui jeter les bouquets apportés dans ce dessein, et (nous l'avons vu) ils les ont prudemment remportés.

Mademoiselle Rachel n'a pas mieux réussi à réparer l'échec de *Camille*. Elle avait eu recours au rôle d'Hermione, qui cette fois lui a fait défaut, et que deux fois, depuis sa rentrée, elle a tout aussi mal joué (1).

L'écrivain que j'ai cité trouve la *diction* de mademoiselle Rachel *harmonieuse*; nous croyons, nous, que la jeune actrice ne sent pas la poésie. *Elle est*, dit-il encore, *savante*. Nous répondons que la diction de cette tragédienne est *sèche, lente, pédante, froidement alignée, didactique*, et n'est *flexible* aux nuances que dans le raisonnement : il semble qu'on entend une leçon de logique. Mais quand l'actrice doit se passionner, *sa diction* devient *incohérente, cadencée par secousses, sans largeur, monotone*, et jamais *éloquente*. Elle l'applique indistinctement à tous les personnages qu'elle représente, sans l'accentuer convenablement. Rarement elle sent le mouvement dans la composition du discours, et ne peut alors mettre en accord, avec lui, le mouvement extérieur ou corporel qu'exigent les jeux de la scène.

Dans *tous les rôles* qu'a joués mademoiselle Rachel, elle a toujours été à côté du caractère de son personnage ; enfin, une mauvaise éducation théâtrale et le défaut d'instruction paraissent dans sa *diction* comme dans son jeu. Cependant toutes ces choses, qu'exige son art, s'enseignent et s'apprennent, et mademoiselle Rachel est assez jeune pour parvenir à les posséder un jour ; mais il faut de l'étude, et surtout *savoir étudier*.

Il est d'autres qualités que, *seule*, donne la nature ; c'est

---

(1) Ce qui a fait dire, dans un salon, que le grand cheval de bataille de Mlle Rachel (Hermione) *avait été tué sous elle ce jour-là*.

l'âme, la sensibilité qui en émane, et sans laquelle il n'y a pas de grands acteurs ; *la chaleur, la véhémence* et *la véritable énergie*, qui produisent l'entraînement et donnent à l'acteur cette puissante éloquence qui touche les cœurs et émeut les passions. Jusqu'ici, mademoiselle Rachel n'a fait reconnaître aucune de ces qualités.

L'auteur de l'article auquel j'oppose, sur le talent de cette actrice, une opinion si contraire à la sienne, vante encore *son énergie*. Mademoiselle Rachel n'a ni le sentiment, ni la large touche qu'exige cette qualité, et que, dans les passions en général, elle remplace par l'emportement de la colère et l'accent de la rage ; elle n'est guidée que par une espèce d'*instinct théâtral* auquel elle joint une routine et une confiance acquises par trois ans et demi d'exercice au théâtre, et que soutiennent l'intrigue, la flatterie et ces novateurs, aujourd'hui si funestes aux beaux-arts.

Mademoiselle Rachel ne sent ni ne pense avant de parler. Ses qualités, insuffisantes, consistent en un sentiment indélibéré qui, *sans inspiration*, et par hasard, lui fait quelquefois distinguer et saisir ce qu'elle a de bien dans un rôle, mais non ce qu'elle a de mauvais ; de sorte que, dans ces mêmes rôles qu'elle joue si souvent, non-seulement elle ne corrige pas ce qu'il y avait de mal, mais encore elle ne conserve point le souvenir de ce qu'il y avait de bien : ce qui démontre une intelligence peu étendue.

On a fait croire à mademoiselle Rachel qu'elle avait un *immense* talent ; elle s'est affermie dans une haute opinion d'elle : de là cet *impertubable* aplomb qu'elle conserve, *quand même*.

Définitivement, mademoiselle Rachel manque de force pour jouer le grand emploi qu'elle a choisi ; dans la fatigue qu'il lui cause, elle fait souvent des efforts inouïs pour soutenir sa voix qui se casse dans sa gorge, et n'en laisse sortir que des sons *déchirés*, assez semblables à une espce de râlement, très pénible à entendre.

Si mademoiselle Rachel manque d'amis assez éclairés pour reconnaître ces vérités, que des flatteurs lui cachent, du moins le professeur qui l'a mise au théâtre peut bien les lui dire. Ce que nous venons d'exposer n'a pu échapper à plusieurs comédiens de talent qui, sans doute, n'ont pas voulu s'en expliquer avec les meneurs, qui ne voient, eux, que l'*argent* des recettes, sans penser à ce qui pourrait arriver plus tard, et sans craindre cette faiblesse de moyens. Nous dirons donc encore que M. Samson a assez de pouvoir au Théâtre-Français pour oser engager son élève à renoncer au genre de despotisme qu'elle impose à la scène française en voulant l'occuper *seule*, comme si elle était sa propriété, ou ne l'abandonner, pendant ses longs voyages et ses fréquentes indispositions, qu'à des sujets trop faibles pour *défleurir* ses succès; prétentions orgueilleuses et contraires aux plaisirs du public, et dangereuses pour l'imprévoyante administration qui les souffre, si une maladie, ou toute autre cause, éloignait mademoiselle Rachel du théâtre.

En 1840, on exaltait le *phénix* alors à la mode; déjà son buste ornait la cheminée du cabinet de M. le Chef de la division des Beaux-Arts, où il était du bon ton d'admirer les qualités de mademoiselle Rachel; surtout *sa chaleur calme*, sa *diction* qui n'était pas *chantée* (sur le même air apparemment que celle du *temps de l'empire*); enfin, ce *diré* qui *charmait les dilettanti du posa piano*, du *dramatique étriqué, sec, pesé, compté*, et tout au plus suffisant pour une lecture (*inanimée*) dans un salon semblable à celui que la Comédie-Française avait choisi pour la tragédie d'Horace, dans laquelle mademoiselle Rachel a fait son premier début (1). Peut-être le professeur et les comédiens pensaient-ils déjà que la débutante choisissait un emploi qui exigeait de la force; que sa voix avait peu d'étendue, et surtout que son physique, en apparence faiblement constitué, n'offrait pas la certitude qu'elle pût un jour tenir le grand emploi tragique auquel elle se destinait.

Cependant, par ce zèle imprudent, on préparait des difficultés sans nombre à cette jeune actrice. Dans les premiers mois de 1841, il fut grandement question de faire faire sa statue;

---

(1) Le boudoir ou cabinet de Messaline, dans *Caligula*, nous a-t-on dit.

mais cela se borna à son buste, en marbre, exécuté par un artiste dont le nom m'est échappé; œuvre qui fut payée 3,000 francs, dit-on, au ministère de l'intérieur : on ne disait pas où il devait être placé ; du reste nous ne l'avons pas vu. Sans doute, cette admiration fanatique et tant d'ovations pouvaient troubler la raison d'une jeune fille. Il y a telles actrices douées de sensibilité auxquelles de pareils triomphes sur la scène pourraient causer des émotions nuisibles, en ce moment, à leurs facultés : mais mademoiselle Rachel y est d'abord préparée, et ensuite tellement accoutumée, qu'elle ne peut plus jouer sans ces applaudissemens et ces bruyans transports de commande qui fatiguent le vrai public attentif. Sans songer à qui les lui prodigue, mademoiselle Rachel, bien pourvue d'amour-propre les regarde aujourd'hui comme un hommage rendu à son soi-disant *immense talent*.

Nous avons manifesté une opinion conforme à celle de plusieurs critiques, sur l'enseignement *routinier* et *mécanique* de l'école du Conservatoire. Nous avons encore démontré le mal qu'avaient fait à l'art théâtral les innovations *bizarres* de toutes ces écoles monstrueuses, aussi fatales au bon goût qu'aux auteurs dramatiques, *anciens* et *modernes* ; nous devons aussi soumettre nos observations sur la plus moderne de ces innovations.

M. Samson, sociétaire du Théâtre-Français, professeur à l'école royale (où il était aussi puissant qu'à son théâtre), après avoir assuré, par tous ses moyens, le succès de mademoiselle Rachel, éleva chez lui une école pour l'enseignement *de la tragédie*, et *spécialement* d'après sa méthode nouvelle, tendante à réformer (comme disaient les novateurs dont j'ai parlé), la manière *rococo* de *dire* et de *jouer* la tragédie, comme *au tems de l'empire*. A Dieu ne plaise que nous voulions comparer ce professeur à *Saint-Aulaire ;* M. Samson, bien qu'il ne soit pas un acteur de première ligne, tient au Théâtre-Français une *tout autre place*. Il est, dit-on, homme d'esprit, nous le croyons ; toutefois on désirerait qu'interprète de Molière, il fît ressortir tout l'esprit du grand homme, et non le sien ; témoin *Trissotin* dont, soit dit en passant, il fausse le personnage en montrant à sa place tout monsieur Samson, comme dans beaucoup de ses rôles.

M. Samson, élève du Conservatoire, n'est pas assez jeune pour n'avoir pas, au moins, entendu parler du grand talent de Monvel, et appris que c'est ce *véritablement célèbre* acteur qui, à son retour en France (à ce même théâtre de la rue de Richelieu), a donné l'exemple de substituer *à la vieille déclamation psalmodiée* (dans la tragédie) *un dire vrai et éloquent*, et d'appliquer *cette vérité* au langage que prête le poète à ses personnages, toujours selon le ton qui leur convient et l'harmonie qu'exige le style dramatique. M. le professeur ne peut ignorer que, dès cette époque, le vieux *dire* déclamé et psalmodié fut repoussé par le bon goût, et même le mot *déclamation* pris en mauvaise part. Talma, dans les premières années de sa carrière théâtrale, cherchait cette *vérité*, ainsi que plusieurs artistes et jeunes orateurs; Monvel leur montra le chemin, et dans la tragédie *du temps de l'empereur*, il fut suivi par *Talma*, *Michelot*, *Firmin*, etc., et mesdames Talma-Wanhove, Duchesnois, Maillard, etc. (1). On nous assure qu'avant la remise, à la scène française, du répertoire de la tragédie, M. Samson n'aimait pas ce genre et ne s'en était jamais occupé. Nous concevons que la tragédie ne fixe pas l'attention d'un acteur qui a adopté le genre comique ; cependant la poésie de nos grands maîtres, comme celle de nos modernes auteurs, n'a pu manquer d'attirer l'attention d'un acteur qu'on nous dit lettré ; ce qui nous empêche de croire que M. Samson en ait négligé les représentations qui, *seules*, quelques rapports qu'il y ait avec la bonne comédie, ont pu lui donner l'idée d'une nouvelle méthode pour l'enseignement de la tragédie (2).

M. Samson aura donc pu se convaincre que *Talma* savait parler la tragédie à propos, colorer et faire ressortir avec noblesse, chaleur et énergie, les beautés de la poésie, sans nuire

(1) Voir, page 11, les acteurs composant la troupe du Théâtre-Français sous l'empire. Je ne cite ici que ceux de la tragédie ; la comédie offrait encore d'admirables modèles.

(2) M. Samson était, sous la Restauration, *répétiteur* au Conservatoire, ainsi que son confrère *Provost*.

à la vérité. Si M. le professeur novateur avait vu mademoiselle Duchesnois avant ses trente années de service, il aurait pu reconnaître que cette actrice était douée d'une grande sensibilité, de chaleur et d'énergie, d'une *diction* vraie et animée, et ne l'aurait pas prise au déclin de son talent, pour s'écrier, comme ces messieurs, devant des élèves : *Ah! voilà de la tragédie à la Duchesnois.* Nous ne pensons pas que les actrices et acteurs que nous avons cités dans nos observations sur l'art théâtral aient jamais offert l'*ancien rococo*, depuis quarante-cinq ans au moins justement repoussé, et qu'aujourd'hui des novateurs s'efforcent de remplacer par un *rococo* moderne tout aussi ennuyeux, plus ridicule, et bien plus près de la mélopée des anciens, lorsque, *comme eux,* on coupe les vers à chaque hémistiche, à chaque mot, et souvent le mot lui-même. — (*Nouvelle école.*)

Si l'on juge de l'enseignement de M. Samson par les élèves que seul, ou avec ses confrères de l'école du Conservatoire, il a fait paraître en longue file devant le public du Théâtre-Français, on a pu apprécier la méthode et la direction de leurs études : qu'ont-ils offert à l'oreille comme aux yeux? *un dire martelé, froid, sec*, et d'une *vérité triviale; une accentuation molle* et *un physique peu convenable à la tragédie*. On reconnaît facilement, dans les élèves de M. Samson, l'union du système du Conservatoire à celui de ce professeur. En définitive, nous ne croyons pas que ce système d'enseignement *régénère* l'art théâtral, soit pour la tragédie, soit pour la comédie, dont nous parlerons dans la suite de nos observations (1).

Notre premier théâtre est aujourd'hui dans un état déplorable, et l'on doit convenir que la scène française, jadis la première du monde civilisé, est maintenant parvenue au dernier période de sa décadence.

MM. les comédiens français, cependant, se partagent le subside, sans inquiétude sur l'affligeant avenir dont leur société est menacée.

MM. les sociétaires du Théâtre-Français, à cheval sur leurs

(1) Nous ferons paraître incessamment la suite de nos *Observations sur l'art théâtral.*

réglemens, quand il s'agit de leurs intérêts, ou lorsqu'ils peuvent servir leurs passions, les violent ou négligent de les observer dès qu'ils sont invoqués contre leur volonté ; infraction, il est vrai, de laquelle l'autorité peut seule connaître. Le public, que les débats des comédiens entre eux touchent peu, ne veut rien voir derrière le rideau, et n'exige que de l'amusement et de l'instruction.

Voici deux articles de ce réglement.

« *Décret de Moscou.* — *Des Débuts.* — Art 67. Les débutans qui auront eu des succès et annoncé des talens seront reçus à l'essai, au moins pour un an, et ensuite comme sociétaires par le surintendant, selon qu'il jugera convenable.

De la formation du répertoire. — Art. 54. Aucun acteur en chef ne pourra se réserver *un* ou *plusieurs rôles* de son emploi. Le comité prendra des mesures pour que les doubles soient entendus du public dans les *principaux rôles* de leurs emplois respectifs, *trois* ou *quatre fois* par *mois*.

« Il veillera également à ce que les acteurs *à l'essai* soient mis à portée d'exercer leurs talens et de faire juger de leurs progrès.

« Les acteurs jouant les rôles en second pourront réclamer, en cas d'inexécution du présent article; et le surintendant donnera des ordres, *sans délai*, pour que le comité s'y conforme, sous peine, envers l'acteur en chef opposant et chacun des membres du comité qui n'y auront pas pourvu, d'une amende de *trois cents francs*.

« Notre commissaire près le théâtre sera *responsable* de l'inexécution du présent article, s'il n'a pas dressé procès-verbal des contraventions, à l'effet d'y faire pourvoir par le surintendant, et de faire payer les amendes. »

Nous livrons ces articles aux réflexions du public, et revenons à lui.

Si MM. les sociétaires étaient jaloux de plaire à ce public, ne s'empresseraient-ils pas de réformer les abus qui produisent l'effet contraire; par exemple, celui, maintenant érigé en système dans plusieurs administrations théâtrales, de confier le sort d'un théâtre à un chef d'emploi qui non-seulement s'empare de tous les rôles, mais exige encore que son second ne puisse les jouer sans son consentement, qu'il donne bien rarement. C'est donc une erreur très nuisible aux intérêts d'une administration théâtrale et aux plaisirs du public, d'abandonner sans réserve la scène aux premiers sujets *en réputation :* d'abord, ils exigent d'énormes appointemens, ensuite c'est détruire toute émulation. En privant celui qui est après ce chef d'emploi (qu'on appelait autrefois le *double*) de jouer les mêmes rôles que lui, comme ce *second* ne joue que rarement et à l'improviste, qu'il reste ainsi, quelquefois très longtemps, sans pouvoir mettre en pratique ses études théoriques, dont la mise en action ne se perfectionne que *sur le théâtre, devant le public,* peu familier avec les jeux de la scène, il manque alors de confiance, et n'offre point de progrès. Le premier sujet, alors sans rival, abuse de sa supériorité pour contraindre l'administration à souffrir ses caprices, et à céder à ses prétentions.

Le directeur de l'Opéra nous paraît avoir prévu ce danger pour une grande scène dont la gloire acquise et la destinée dépendraient des premiers sujets; quoique la troupe qu'il dirige fût déjà riche en beaux talens, il n'a pas craint de *défleurir* leurs succès bien mérités, en faisant un appel aux artistes capables de concourir dans les premiers emplois; il les a tous également accueillis, leur a franchement ouvert la carrière et laissé au public le soin de les juger. Ce directeur, selon nous, a mérité la bienveillance des amis des beaux-arts et la reconnaissance des artistes qu'il a fait connaître.

MM. les comédiens français n'agissent pas ainsi dans l'intérêt de l'art, et s'occupent peu des plaisirs du public; ils s'abîment dans les discussions pécuniaires, et ne font plus de l'art, mais du commerce.

On ne peut vraiment comprendre où ces messieurs veulent aller. S'aveugleraient-ils au point de croire qu'ils offrent une réunion de talens capable de calmer l'inquiétude de cette partie du public instruite sur la position actuelle de la scène française? Ne songent-ils pas qu'elle les observe; n'ont-ils pas à redouter que, dans sa mauvaise humeur, elle les juge un jour plus sévèrement? Penseraient-ils encore qu'il n'y a plus de connaisseurs? Si leur nombre, en effet, n'a point été remarquable dans les représentations de nos chefs-d'œuvre, c'est qu'ils appréciaient leurs interprètes, et n'y venaient que très peu ; les applaudissemens d'une bande instituée et payée à cet effet, *les réclames*, *les puffs*, et jusqu'au charlatanisme des affiches, leur faisaient pitié, en même temps qu'ils les éloignaient. Que MM. les sociétaires cessent aussi de se croire seuls juges des débutans se présentant avec des dispositions qui leur permettent de paraître sur la scène française; et, surtout, qu'ils ne répètent plus ce que disait Saint-Aulaire (leur camarade alors) à un débutant qui estimait suffisant le jugement du public : *Le public ! c'est nous qui le sommes* : voulant dire par là, c'est nous qui vous jugerons. (Historique.)

Les comédiens sociétaires répondent sans cesse à diverses objections qu'on leur oppose: *Nous sommes chez nous.* Mais cette quasi-république serait peut-être indépendante dans sa politique de coulisses, si, depuis cinq ou six ans, *ses ministres,* choisis par les envahisseurs (plus honnêtement nommés *la jeune comédie française*), n'eussent pas tout bouleversé. Voyons, quand ils se sont emparés du pouvoir, quelle était la situation du Théâtre-Français. — Sans doute la Comédie Française avait éprouvé de grandes pertes par la mort et la retraite de plusieurs sociétaires; mais elle avait encore pour 300,000 francs de locations et abonnemens (1); et l'Empereur, satisfait des services ainsi que du talent de ses comédiens, avait assuré au *Théâtre-Français* une rente de 100,000 *francs*, pour servir les pensions des acteurs retirés. Comment a administré *la jeune comédie?* Par ses prétentions au talent, loin de veiller à la composition de l'ensemble de sa troupe, elle a évité d'appeler des sujets capables de seconder mademoiselle Mars, Monrose (2), Menjaud et quelques actrices de talent, seul reste de l'ancien Théâtre-

---

(1) Ce que peuvent prouver les registres de la société, à cette époque où MM. Michelot, Desmousseaux, etc., administraient.

(2) Firmin, alors retiré, fut rappelé plus tard par ordre du ministre.

Français ; aussi, locataires de loges et abonnés avaient fui, et ne venaient plus que pour mademoiselle Mars et ses anciens camarades.

Le Théâtre-Français, ne pouvant se soutenir par ses recettes, s'endetta ; ceux qui le dirigeaient eurent recours au gouvernement qui, en vue de l'art, paya 300,000 fr. de dettes pour cette société ; et, plus tard, lui fit obtenir un subside, que le pays lui paie encore aujourd'hui. Nous ajouterons que c'est aux célèbres acteurs et au talent de ceux qui les secondaient que *la jeune comédie* doit la fondation des 100,000 fr. de rente qui lui assurent les pensions de retraite ; faveur que les mêmes qualités qui distinguaient ses prédécesseurs n'auraient pu leur faire obtenir un jour, et dont l'ont laissée héritière *ces acteurs du temps de l'empire*.

Le grand homme, en récompensant ses comédiens, voulait qu'ils fussent responsables de la conservation du Théâtre-Français et du progrès de l'art théâtral qui ne peut être séparé de *l'art dramatique, l'une de nos gloires*.

Le gouvernement, en venant au secours de la Comédie-Française, a pensé comme l'empereur, en lui faisant accorder un subside.

La jeune comédie doit donc administrer dans l'intérêt de l'art théâtral, pour son progrès, et *conserver* le dépôt de nos chefs-d'œuvre qui appartiennent au pays, et non *à la comédie française* ; elle n'a que le privilége de les représenter *dignement* : interprètes de nos auteurs anciens et modernes, les sociétaires doivent donner tous leurs soins aux représentations de leurs ouvrages, et, *en toute occasion*, rendre des services aux lettres et les protéger au besoin. Le devoir des comédiens français est encore d'accueillir, d'encourager tous les talens sans acception exclusive, et de veiller au progrès de l'art, en maintenant la composition de sa troupe, de sorte à l'assurer. Ils doivent aussi observer rigoureusement le respect dû au public.

Telles sont, il nous semble, les obligations que la nature de sa mission imposait à la Comédie-Française : les a-t-elle remplies ?

MM. les sociétaires prétendraient-ils faire jouer désormais la tragédie par les quatre ou cinq acteurs et les deux ou trois actrices qui, avec mademoiselle Rachel, composent le personnel de ce genre, savoir :

M. Beauvallet, au théâtre le type du *laid* et d'une brutale hardiesse portée jusqu'au plus repoussant cynisme ;

M. Guyon, toujours le même, quoique, dit un journal, il se livre aux plus sérieuses études ;

M. Geffroi qui, selon nous, ferait mieux de ne rien jouer du tout, et qui, si, comme on le dit, il est peintre, devrait bien reprendre ses brosses et sa palette ;

M. Marius, doux et tranquille acteur, pensionnaire depuis quinze ou seize ans, qui n'a reculé ni avancé d'un pas, resté fidèle aux habitudes de société bourgeoise dont il a conservé les traditions et les intonations ; aujourd'hui mêlant à tout cela partie de la *mélopée* des novateurs et partie des *saccades-Rachel;*

M. Rey, jeune premier en chef dans la tragédie, *piteux...* de sorte à rendre toute critique impossible ;

Mademoiselle Noblet, toujours pareille ; même cachet, même ton, même tenue et même *costume ; sociétaire* pour long temps encore... hélas !

Mademoiselle Guyon, encore trop *écolière* pour être critiquée ; cependant elle ne manque pas d'assurance ;

Madame Haley : nous ne l'avons vue et entendue que dans le rôle de *Clytemnestre;* elle ne paraît que dans celui de *Jocaste :* et, pour cause, nous nous sommes privé de voir Œdipe.

Nous ne dirons pas, comme un jeune et spirituel écrivain : *La comédie française est morte :* non, mais elle est agonisante.

Par la mauvaise plaisanterie des débuts de 1841, le comité du Théâtre-Français croyait avoir prouvé le désir qu'il avait de se recruter, et, en faisant paraître sur la scène cette foule de nullités, il ne voulait que démontrer la grande disette de sujets, sans cesse alléguée pour faire excuser la déplorable composition de sa troupe, empirée encore par le triste choix de nouveaux pensionnaires qu'il a été chercher, on ne sait où. Ces messieurs s'imaginaient encore que le public conclurait que ces comédiens français, qu'il trouvait plus que médiocres, étaient cependant les meilleurs qu'il y eût en France ; mais ce public, si fatigué de tant d'intrigues et de si peu de talens, ne se laissa pas prendre au piége ; il savait très bien que le comité n'admet aux débuts (à quelques rares exceptions près) que des sujets qui ne puissent faire craindre aucune chance de succès capable d'inquiéter l'amour-propre de MM. les sociétaires. Aussi pauvres en talens dans la comédie (1) que dans la tragédie, ils ont refusé d'admettre à l'essai une jeune et jolie débutante dans les premiers rôles de comédie, Madame *Valérie*, que le public a favorablement accueillie, qui pouvait, en s'exerçant, faire des progrès et être utile au Théâtre-Français sans nuire à Mademoiselle *Plessis*, Mademoiselle *Anaïs* n'aspirant pas *aux premiers rôles*.

Une autre débutante dans la tragédie, Mademoiselle *Maxime*, que, depuis six ou sept mois, le public entend avec intérêt, toutes les fois que le comité et *Mademoiselle* Rachel lui permettent de jouer (ce qui arrive rarement), mademoiselle Maxime ne plaît point, nous assure-t-on, à MM. les sociétaires qui ne lui trouvent pas les qualités que d'autres lui reconnaissent. Plaisans juges que des *Provost, Beauvallet, Geffroi, Guyon* et *autres* de même force. Enfin, ces messieurs seraient en tout contraires à cette actrice : qu'elle s'en console, cela devait être ainsi. D'abord, ils ne l'ont reçue que *par ordre du Ministre* ; ensuite, elle a montré des *qualités* qu'ils méconnaissent ou ne prisent pas, parce qu'ils n'en possèdent aucune de celles-là. Les connaisseurs, ainsi que nous, accordent à *Mademoiselle* Maxime de *l'âme*, partant, *de la sensibilité* ; ensuite *de la chaleur, de l'énergie*, souvent *de l'inspiration* et *du dramatique*.

Que Mademoiselle Maxime persiste donc avec courage ; pourvue de ces dons de la nature, qui ne s'enseignent pas, si elle peut parvenir à exercer son art plus souvent, elle acquerra l'habitude qui peut lui manquer. Une autre cause des difficultés que lui suscitent les comédiens français, c'est qu'elle a eu l'au-

---

(1) Monrose, Firmin et Menjaud exceptés, ainsi que mesdames Desmousseaux et Mantes. Mademoiselle Plessis est jeune, on peut attendre.

dace de venir troubler le chant *de la poule aux œufs d'or*, objet de l'adoration des sociétaires, qui se sont abaissés au point de voir leur camarades, les uns sifflés à côté de celle qu'ils avaient élevée si haut, d'autres excitant le rire des fougueux applaudisseurs de la *merveille*.

Nous n'adresserons pas de louanges à Mademoiselle Maxime; nous lui avons accordé ce qu'équitablement on ne peut lui refuser. Qu'elle n'envie point les triomphes de Mademoiselle Rachel! ils entraînent souvent à de durs regrets. Une trop grande réputation, et surtout si promptement et si légèrement établie, est bien difficile à conserver.

En 1814, le personnel de la Comédie-Française était encore de *vingt-six* sociétaires; aujourd'hui, il n'est plus que de *seize*, et ne peut évidemment suffire aux besoins du répertoire. En ne remplissant pas les lacunes si remarquables des grands emplois qui ne sont plus tenus (ce qui rend impossible les représentations d'un grand nombre de beaux ouvrages du répertoire dans les deux genres), MM. les sociétaires, on le conçoit parfaitement, partageant le subside, se font de bien plus grosses parts. On nous exposait ces jours-ci, pour les excuser, qu'ils avaient voulu augmenter leur nombre, et qu'on s'y était opposé. Il est vrai que la presse, instruite que les nouveaux sociétaires, au nombre de trois, étaient déjà désignés, s'opposa vigoureusement à leur réception, parce qu'elle les jugeait incapables de remplir ce vide des premiers emplois nécessaires aux deux genres, et qu'ainsi il était inconvenant de les imposer au public pour vingt années, comme *M. Saint-Aulaire, etc., etc., etc.* Cependant le décret de Moscou régit les sociétaires, et l'on ne comprend pas comment le ministre les laisse déroger, presque de tout point, aux clauses principales de cet acte qui les constitue.

Nous devons encore faire connaître les intentions de messieurs du comité gouvernant notre premier théâtre. Nous savons, de bonne part, qu'ils sont déterminés à ne jouer que très rarement la tragédie, et seulement pour conserver Mademoiselle Rachel. Les habiles meneurs de ce comité fondent leur plus grand espoir sur les *recettes* Rachel, et sur ce point se trompent comme sur tant d'autres; car leur *poule aux œufs d'or* pourra chanter encore quelque temps; mais *pondre*, c'est plus que douteux...... ils verront bien. Le personnel en femmes qui devrait accompagner mademoiselle Rachel dans la tragédie se bornerait donc à l'éternelle et ennuyeuse mademoiselle Noblet, l'écolière mademoiselle Guyon, et la reine madame Haley. Les forts administrateurs (jeune comédie) veulent obéir en cela *aux volontés de la grande actrice,* qui ne peut souffrir auprès d'elle que des nullités, ou, tout au plus, des médiocrités. Ces dispositions s'accordent assez avec le grand projet de M. le commissaire du roi, qui veut *refaire* un autre premier théâtre (je ne dirai pas français), et n'attend pour cela que 25,000 fr. pour mettre sur notre première scène les traductions des œuvres des théâtres étrangers, et (ce qu'on n'ose pas dire) peut-être en excluant les nôtres. Nous ne prétendons pas déprécier les ouvrages des célèbres poètes étrangers ; mais il nous semble que M. le commissaire du roi a mal choisi *la scène*, et nous ne croyons pas que nos poètes dramatiques s'empressent de le féliciter sur cette innovation. Nous croyons encore que le gouvernement ne jugera pas nécessaire d'accueillir cette idée, et d'accorder un subside au premier Théâtre-Français pour son accomplissement.

Nous avons signalé, sans exagération et consciencieusement, les causes de la décadence de l'art théâtral, et, comme une des plus graves, la ruine du Théâtre-Français, prévue depuis si long temps par plusieurs de nos meilleurs écrivains, qui se sont expliqués avec énergie à ce sujet.

Nous ne concevons pas comment ceux qui sont chargés de veiller aux destinées de la scène française ne comprennent pas que cet état des choses ne peut durer.

Il y a un Ministre, une Commission royale, un Directeur des Beaux-Arts, un Commissaire du roi près le Théâtre-Français, des Inspecteurs des théâtres, un bureau spécial ; enfin, une organisation établie à grands frais par le ministre, et un subside auquel la France contribue. Cependant notre premier théâtre, au lieu de progrès, ne montre qu'une ruine prochaine, aussi funeste à l'art dramatique qu'à l'art théâtral.

L'influence de la comédie sur le goût d'une grande et spirituelle nation, ainsi que sur ses mœurs, est trop importante pour que son péril n'attire pas l'attention du gouvernement, et n'excite pas l'émulation des amis des arts et de ceux qui prennent intérêt à sa gloire.

L'art dramatique et l'art théâtral tiendront une assez belle place dans l'histoire de notre nation; ils furent jusqu'à la fin du dix-huitième siècle l'une de nos gloires : perdrons-nous l'espoir de la continuer? Nous ne pouvons le croire, et nous espérons encore que le Ministre de l'intérieur, malgré les grands intérêts politiques et les nombreuses attributions de son ministère, prendra le temps de se faire rendre compte de la situation de notre premier Théâtre, et, d'examiner, sous quelle influence, au moins *inattentive,* il a été placé.

Paris. Paul Dupont et Cie.

www.ingramcontent.com/pod-product-compliance
Lightning Source LLC
Chambersburg PA
CBHW060506050426
42451CB00009B/850